El mosquito

Jill Bailey

Traducción de Patricia Abello

Heinemann Library
Chicago, Illinois

© 1998 Reed Educational & Professional Publishing
Published by Heinemann Library,
a division of Reed Elsevier Inc.
Chicago, Illinois

First published in this edition 2003

Customer Service 888-454-2279
Visit our website at www.heinemannlibrary.com

Designed by Celia Floyd
Illustrations by Alan Fraser
Printed and bound in the United States by Lake Book Manufacturing, Inc.

07 06 05 04 03
10 9 8 7 6 5 4 3 2 1

Library of Congress Cataloging-in-Publication Data
Bailey, Jill.
   [Mosquito. Spanish]
   El mosquito / Jill Bailey ; traducción de Patricia Abello.
      p. cm. — (Los insectos)
Summary: A simple introduction to the physical characteristics, diet, life cycle, predators, habitat, and lifespan of mosquitoes.
   Includes bibliographical references (p.) and index.
   ISBN 1-4034-3011-X (HC) ISBN 1-4034-3034-9 (pbk.)
1. Mosquitoes—Juvenile literature. [1. Mosquitoes. 2. Spanish language materials.] I. Title. II. Series.

QL536.B218 2003
595.77'2—dc21

2002192163

Acknowledgments
The author and publishers are grateful to the following for permission to reproduce copyright material:
Ardea London: R. Gibbons, p. 7; D. Greenslade, p. 4; Bruce Coleman: J. Shaw, p. 6; K. Taylor, p. 13; FLPA: D. Grewcock, p. 11; L. West, p. 21; Chris Honeywell, p. 28; NHPA: G. Bernard, pp. 15, 17, 20; S. Dalton, pp. 26, 27; P. Parks, p. 9; J. Shaw, p. 23; Oxford Scientific Films: R. Brown, p. 22; J. Cooke, pp. 10, 14, 16, 18, 19; London Scientific Films: p12, H. Taylor, p. 29; Planet Earth Pictures: A. Mounter, p. 24; Science Photo Library: T. Brain, p. 5; A. Crump, p. 25, J. Revy.

Cover photograph: Chris Honeywell; mosquito: Geof du Feu, Planet Earth Pictures.

Every effort has been made to contact copyright holders of any material reproduced in this book. Any omissions will be rectified in subsequent printings if notice is given to the publisher.

Unas palabras están en negrita, **así**. Encontrarás el significado de esas palabras en el glosario.

Contenido

¿Qué son los mosquitos?

Los mosquitos son **insectos.** El cuerpo
tiene tres partes: cabeza, parte media
y **abdomen.** Tienen tres pares de patas
y un par de alas.

El mosquito tiene ojos grandes. También
tiene un par de **antenas** para tocar,
oler y oír. Al nacer los mosquitos
son unos gusanitos que se retuercen.
Viven en el agua.

¿Dónde viven los mosquitos?

Los mosquitos viven donde haya agua y sombra. Viven cerca del agua para que las crías no mueran. Hasta los charcos pequeños son suficientes para que las crías de mosquito vivan.

Los mosquitos entran a las casas y descansan en las paredes y los techos. Viven en todo el mundo, especialmente en las selvas **tropicales** y en el norte.

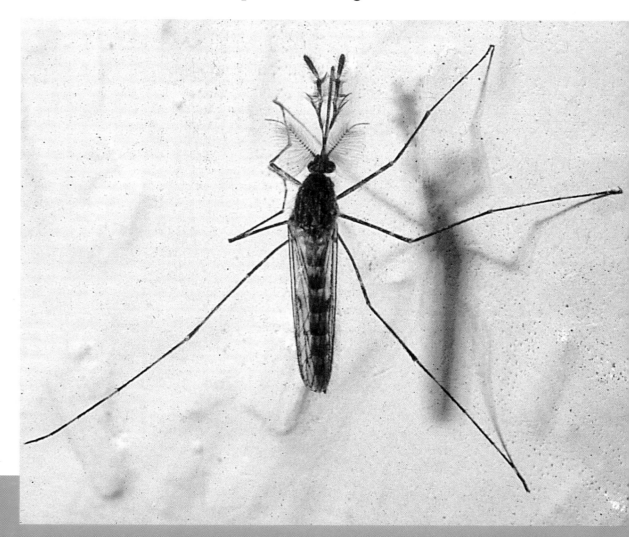

¿Cómo son los mosquitos?

Los mosquitos son **insectos** pequeños. El mosquito común que entra a las casas tiene el largo de una uña pequeña. Los machos son más delgados que las hembras y tienen **antenas** como plumas.

Los mosquitos vuelan rápido hacia arriba y hacia abajo, con las patas colgando. Descansan con las alas dobladas. En el mundo hay más de 1,600 clases de mosquitos.

¿Qué hacen los mosquitos?

Muchos mosquitos se esconden durante el día. Salen al atardecer cuando el aire está fresco y húmedo. Buscan alimento y otros mosquitos.

Los machos "danzan" juntos para
atraer a las hembras. Las **antenas** de
los machos oyen el zumbido que hacen
las alas de las hembras. Los machos
y las hembras se **aparean.**

¿Cuánto viven los mosquitos?

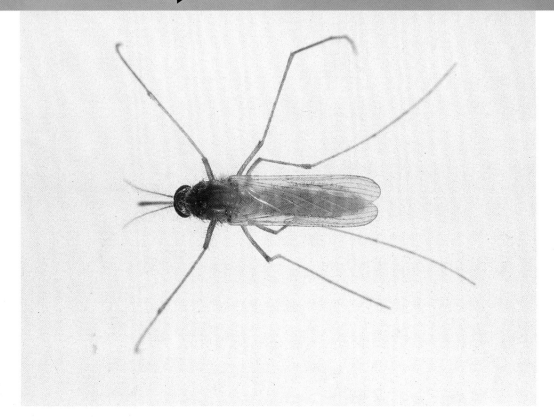

Las hembras viven más tiempo, a veces hasta dos o tres semanas. Unos pocos mosquitos viven por más tiempo. **Hibernan** durante el frío invierno en casas o en árboles **huecos.**

Estos mosquitos ponen sus huevos
en el agua en primavera y después
mueren. En menos de un mes otros
mosquitos adultos estarán listos para
poner sus propios huevos.

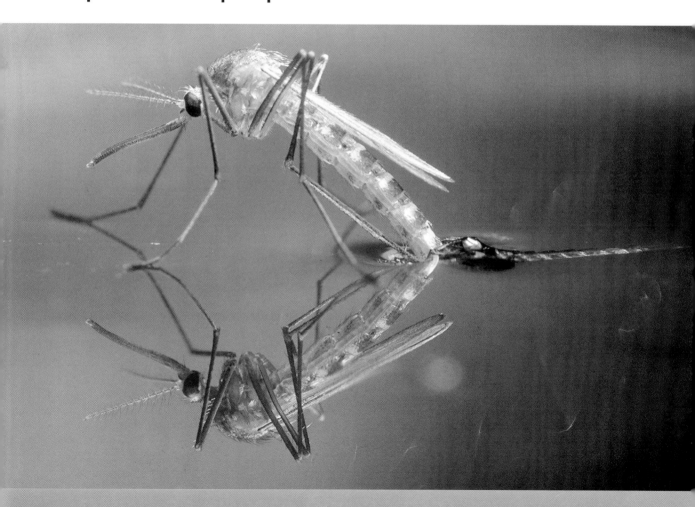

¿Cómo nacen los mosquitos?

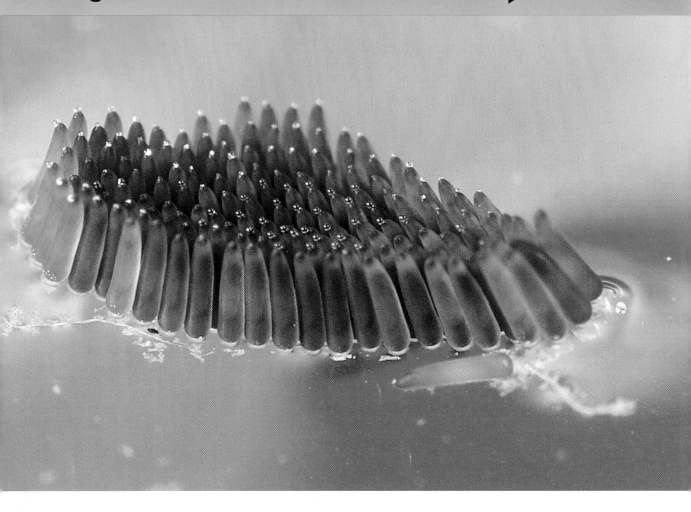

La hembra del mosquito pone huevos
en la superficie de una laguna o de un
charco. Pone hasta 300 huevos a la vez.
Los huevos forman una especie de **balsa.**

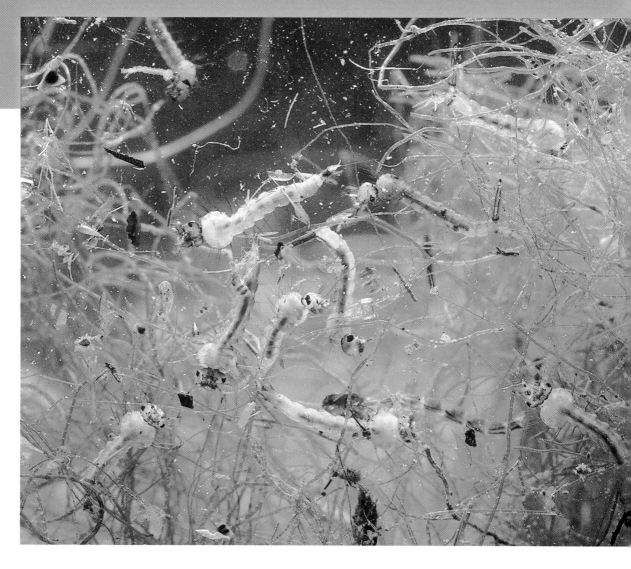

Después de unas pocas horas, los huevos se abren. Una **larva** diminuta sale por la base de cada huevo y se va nadando.

¿Cómo crecen los mosquitos?

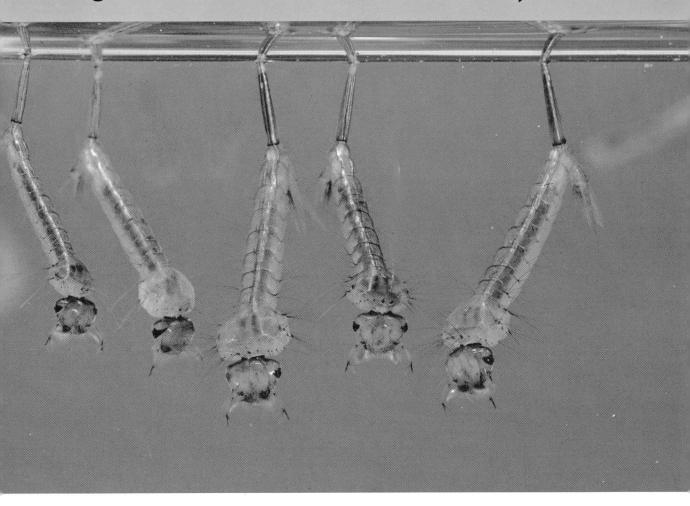

Las **larvas** de mosquito cuelgan patas arriba de la superficie del agua. Respiran aire a través de un tubo largo. Pueden nadar retorciéndose.

La pequeña boca de la larva está
rodeada de pelos. Los pelos arrastran
agua hacia la boca. La larva come
alimento que flota en el agua.

17

¿Cómo cambian las larvas?

Cuando la **larva** crece lo suficiente, deja de comer. La cabeza se agranda mucho y le salen dos trompetas para tomar el aire. Ahora se llama **pupa.**

Dentro de la piel, la pupa cambia
lentamente a mosquito adulto.
La piel se abre y el nuevo mosquito
sale volando.

¿Qué comen los mosquitos?

Los mosquitos adultos no comen mucho. Chupan **néctar** de las flores con su larga trompa. Las hembras chupan sangre para alimentar los huevos.

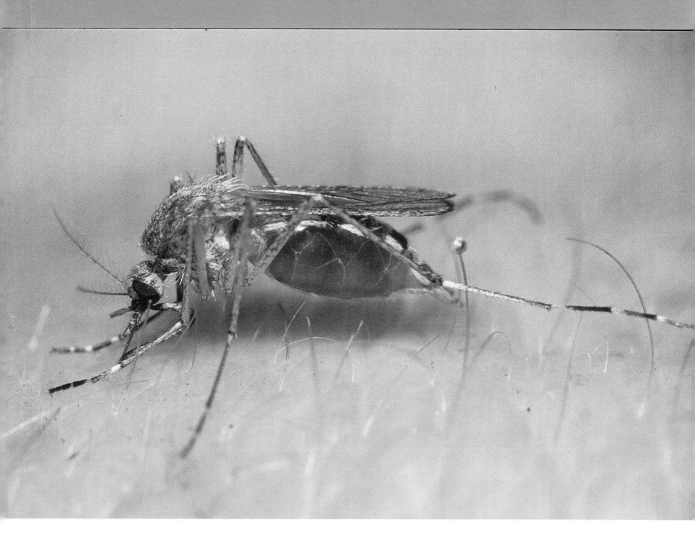

La hembra rasga la piel de un animal
o de una persona con la trompa.
Después le echa un jugo para que la
sangre no se **coagule** cuando la bebe.
Ese jugo puede causar comezón.

¿Qué animales atacan a los mosquitos?

Hay muchos pájaros que comen mosquitos. También se los dan de comer a sus crías. Millones de pájaros vuelan al lejano norte en el verano porque allí hay muchos mosquitos.

También los comen ranas, sapos, ratas
y ratones. Las telarañas los atrapan.
Las **larvas** de peces, escarabajos y
libélulas comen larvas de mosquitos.

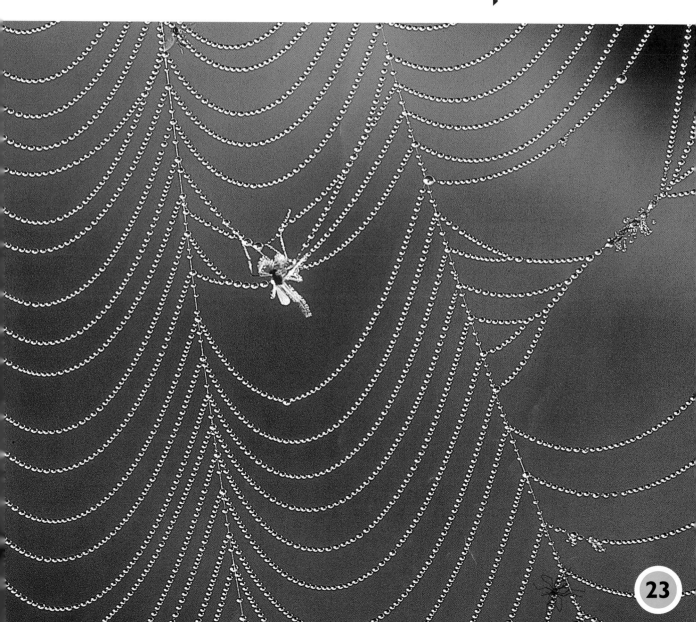

¿Qué tienen de especial los mosquitos?

Los mosquitos son alimento importante para los pájaros y para otros animales. Pero también pueden hacer daño. En algunos países transmiten enfermedades. Por eso rocían químicos para matarlos.

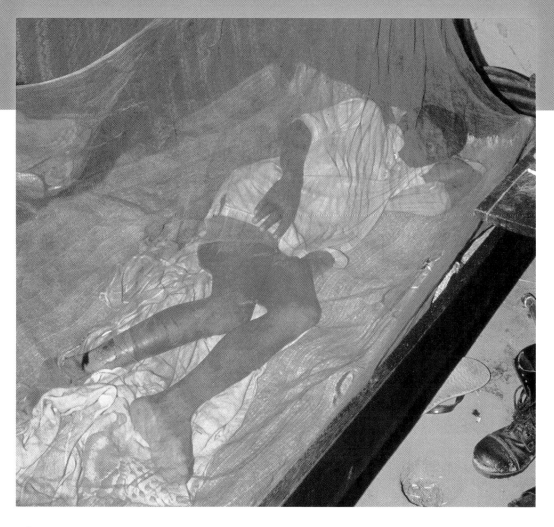

Cuando un mosquito hembra chupa
sangre, puede transmitir enfermedades
de una persona o animal a otro.
En unos países hay que dormir con
mosquiteros para que no piquen
los mosquitos.

¿Cómo se mueven los mosquitos?

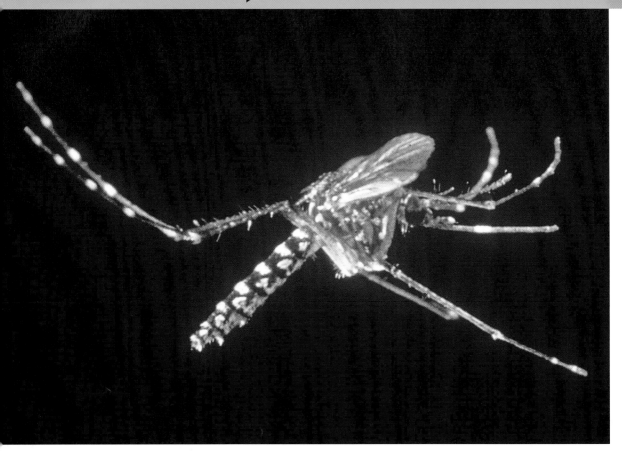

Los mosquitos adultos vuelan.
Un mosquito puede volar grandes
distancias buscando alimento.
Puede batir las alas hasta
600 veces por segundo.

El movimiento de las alas hace un
zumbido o silbido. Los machos y las
hembras mueven las alas a distinta
velocidad. El zumbido de las alas
de cada uno es diferente.

Pensemos en los mosquitos

¿Hay charcos grandes o cubetas con agua cerca de tu casa? ¿Ves allí una **balsa** pequeñita de huevos de mosquito?

¿Crees que hay más mosquitos después de que llueve o después de que ha estado seco por un tiempo? ¿Por qué?

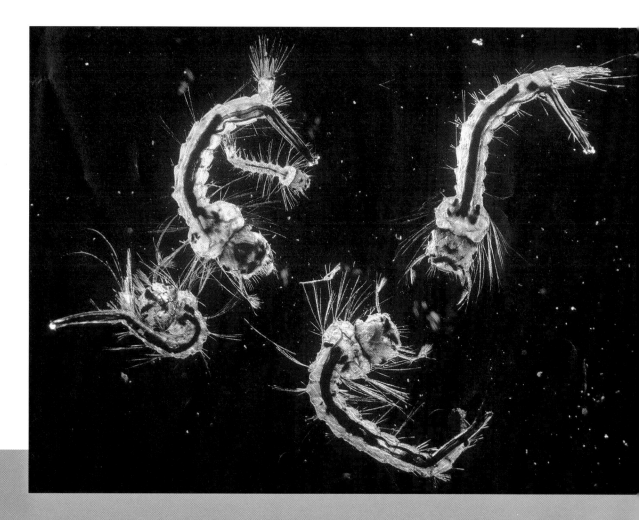

Mapa del mosquito

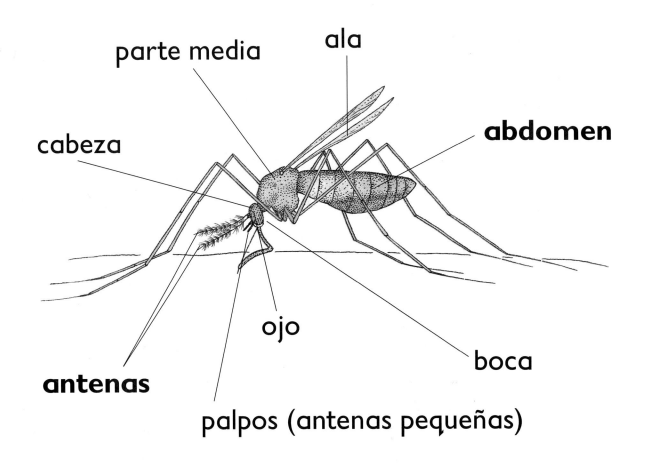

parte media

ala

abdomen

cabeza

ojo

boca

antenas

palpos (antenas pequeñas)

Glosario

abdomen parte de abajo del cuerpo de un insecto

antenas varas flexibles que salen de la cabeza de un insecto y sirven para sentir, oler u oír. A veces están cubiertas de vellos.

aparearse un mosquito macho y un mosquito hembra se unen para tener cría

balsa algo plano que flota sobre la superficie del agua

coagular espesarse la sangre para que no salga por una herida

hibernar dormir durante todo el invierno

hueco vacío; un árbol hueco por lo común ha muerto y el tronco está vacío por dentro

insecto animal pequeño que tiene seis patas, cuerpo dividido en tres partes y casi siempre tiene alas

larva gusanito que sale del huevo de mosquito

pupa paso entre la larva y el mosquito adulto

tropical partes del mundo que son calientes y húmedas

Más libros para leer

Un lector bilingüe puede ayudarte a leer estos libros:

Coughlan, Cheryl. *Mosquitoes.* Mankato, Minn.: Capstone, 1999.

Patent, Dorothy H. *Mosquitoes.* New York: Holiday House, 1986.

Índice

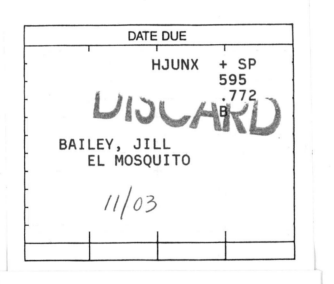